AF252413

ÉCONOMIE SOCIALE

DU

SALAIRE

Par Jules POLEN

Rédacteur des *Droits de l'Homme*

> Tandis qu'une grande partie de la nation languit dans la pauvreté, la misère et le travail, l'autre qui abonde en honneurs, en commodités, en plaisirs, ne se lasse pas d'admirer le pouvoir de la politique qui fait fleurir les arts et le commerce et rend les États redoutables.
>
> **VAUVENARGUES.**

PARIS

CHEZ LES PRINCIPAUX LIBRAIRES

—

1871

AVANT-PROPOS

On s'est demandé naguère s'il y a véritablement une *question sociale.*

Autant vaudrait selon nous nier l'évidence, discuter la lumière. La question sociale existe si bien que le moment est proche où elle nous placera dans le dilemme posé à Ulysse par Ajax : Enlève-moi où je t'enlève.

Les Révolutions, en effet, ne s'accomplissent pas uniquement sur le terrain politique ; ce n'est pas spécialement pour l'organisation de plus en plus adéquate des intérêts généraux de la société que se produisent les bouleversements de l'humanité.

Dans toutes les transformations sociales, on retrouve, mêlé aux principes de l'ordre politique, le principe de l'individualisme, c'est-à-dire l'aspiration à un état physique meilleur, au bien-être, aux satisfactions matérielles. Les conquêtes de l'idée, les victoires intellectuelles et morales se combinent toujours avec les améliorations de la vie corporelle ; on pourrait même dire que c'est là une nécessité.

Sans doute, il y a un juste milieu à garder, une certaine mesure à laquelle il faut s'arrêter, sous peine de faire comme ce roi dont parle la légende, qui abandonnait son palais pour aller, au milieu des animaux sauvages, brouter l'herbe de la forêt. Mais, s'il ne faut pas, comme le dit Montaigne, que la bête prenne le dessus, il est incontestable que la raison, la réflexion, la pensée ne s'exercent pleines de force, libres d'allures, que si le corps ne réclame point impérieusement toute l'attention. En d'autres termes, la chair ne doit point être mâtée, car, suivant l'heureuse expression de Taine : « Pour avoir le jugement sain, il faut posséder des reins solides. »

Cela est si vrai, qu'il n'y a qu'à étudier l'histoire de tous les mouvements populaires pour se convaincre de la justesse de ces observations.

Dans l'antiquité, les Gracques, pour arriver à l'abolition des priviléges de la noblesse, proposaient les lois agraires.

Au moyen-âge, les Communes, la Jacquerie, montrent combien, dans les étapes de l'émancipation, le fait a d'influence sur l'idée.

Plus tard, les délibérations des états-généraux de 1614 constatent que l'égalité politique n'est réclamée par le tiers-état que pour y associer, comme corollaire, le développement de sa fortune et de son industrie.

Dans les temps modernes, la grande Révolution de 1789, réalisée par la Constituante sur le programme des philosophes du dix-huitième siècle, avec la proclamation des droits de l'homme, amène le morcellement de la propriété féodale, l'abolition du servage, l'émancipation du paysan.

1830, provoqué par les ordonnances et le cléricalisme, consacre l'avénement de l'aristocratie manufacturière, le triomphe des classes moyennes, avec ces paroles de Guizot : « Enrichissez-vous » pour mot d'ordre.

Au 24 février 1848, le suffrage universel est proclamé, mais, au lendemain de la journée des barricades, le prolétariat étale ses misères, découvre ses plaies saignantes, et le redoutable problème de l'organisation du travail se fait jour. Étouffé sous l'empire, s'il ne s'éveille pas encore, c'est que les circonstances actuelles lui sont un obstacle ; mais le temps n'est pas loin où va surgir de nouveau l'antagonisme de l'ouvrier et du patron.

Cela devait et cela doit être.

Maintenant qu'en présence de la revendication on se refuse à l'évidence, c'est ce qu'on ne peut faire, d'abord sans mauvaise foi, ensuite sans danger. Le problème se dresse ou va se dresser devant nous, attendant une solution ; travaillons tous à la fournir.

Peu importe le nom que l'on donne à la chose : elle existe, et cela suffit. Appelez-la question sociale, réforme économique, cela est indifférent. Dites qu'il y a complexité, diversité, nous le voulons, nous l'accordons ; ce sont toutes considérations subsidiaires. Mais surtout ne nous égarons pas dans des discussions stériles, ne nous enveloppons pas des nuages d'une vaine phraséologie.

Il y a beaucoup à faire dans cette difficile matière ; aussi faut-il bannir tous ces vains débats sur la convenance des expressions.

Deux systèmes sont aujourd'hui en présence : l'un, qui veut réduire les travailleurs au rang de protégés, en se chargeant du soin de les conduire ; l'autre, qui se refuse au contraire à remplir le rôle de providence, qui, à l'opposite du premier, exalte le libre arbitre, l'esprit d'examen et conseille à l'ouvrier de prendre en main ses destinées. Inutile de dire que nous appartenons à cette dernière école, que nous sommes les adversaires de ces doctrines sournoises qui tendent à ranimer l'agonisant principe d'autorité. L'esclavage, la servitude ont disparu dans les tourmentes passées : nul n'est assez puissant pour les reproduire en changeant l'étiquette.

Eh bien ! le socialisme, qu'est-ce autre chose que cette doctrine qui enseigne aux membres des classes laborieuses à se rendre compte de leur existence, de l'emploi de leurs forces, de leur avenir?

La meilleure réponse à faire à ceux qui s'effraient au moindre mouvement du prolétariat et à sa plus petite réclamation, nous la trouvons dans un discours prononcé à Paris dans une des réunions du dimanche à l'Alcazar, par M. Jules Favre.

« Beaucoup d'entre nous, a dit l'éminent orateur, ont eu le tort de combattre le socialisme, qui n'est rien autre que la science sociale, que l'étude des lois de la production, de la consommation et de son ÉQUITABLE RÉPARTITION. Nous devons entrer résolûment dans la voie, travailler courageusement aux réformes sociales avec la *liberté et l'association, qui sont sacrées.* Vouloir détruire ou entraver l'association, c'est plus qu'une faute, c'est un crime. »

Tout est là effectivement. Il faut, dans l'ordre des choses économiques, que la justice devienne le principe ordonnateur et régulateur. Si sur le terrain politique sa devise est ÉGALITÉ, sur le terrain économique elle est caractérisée par ce mot : RÉCIPROCITÉ.

Prenons un exemple :

Nous allons nous occuper du salaire. Pour en arriver à reconnaître l'exactitude ou la non exactitude du salaire, il nous faudra rechercher si le contrat de louage tel qu'il est pratiqué entre l'ouvrier et le patron est formé sur des bases justes, c'est-à-dire s'il est déterminé avec équité.

Or, nous disons que la RÉCIPROCITÉ doit présider ici à la convention. Il est par conséquent nécessaire afin que le service soit réciproque que le patron rende à l'ouvrier autant que l'ouvrier lui donne, en d'autres termes qu'il y ait égalité entre le salaire de chaque ouvrier et son produit.

Voilà donc notre principe trouvé : *égalité du produit et du salaire.*

Nous allons voir dans le cours de cette étude si cette loi de réciprocité est une vérité dans la pratique des choses ou bien, au contraire, si elle n'est pas indignement violée.

DU SALAIRE

I

S'il est, en économie sociale, une question digne d'attention, c'est à coup sûr celle si grave et si sérieuse, eu égard à ses relations avec l'équilibre social, de la rémunération du travail, c'est-à-dire du salaire.

Depuis de longues années, les économistes s'évertuent sans succès à la résoudre de façon à concilier à la fois et les intérêts du capitaliste et les intérêts du travailleur ; depuis longtemps elle préoccupe tous ceux qui sentent et comprennent que si à certaines époques il se produit des soulèvements dans les couches sociales, on en doit chercher l'origine et les causes dans le sort qui est fait aux classes laborieuses. Examiner ce point important dc l'économie politique, c'est donc traiter d'un des problèmes de la vie humaine, c'est en quelque sorte faire l'exposé de l'organisation actuelle de la société, c'est dérouler un tableau dont l'importance ne doit échapper à personne.

Dans un grand nombre de religions, dans presque toutes les cosmogonies, le travail est la punition infligée par Dieu à l'homme révolté contre lui, c'est la peine de la chute et de la triste condition de l'homme chassé du paradis pour sa désobéissance.

C'est par la croyance que l'oisiveté doit être regardée comme un honneur, qu'il faut expliquer ce mépris que les anciens ont montré pour le travail manuel, et l'état d'abjection dans lequel se trouvaient tous ceux qui se livraient à des occupations matérielles. Le travail est chose déshonorante, disait Cicéron lui-même. Ce dédain pour le prolétariat se retrouve de nos jours encore — à un degré moindre il est vrai — dans les classes élevées ; il y a toujours ce que M. Thiers a appelé la *vile multitude.*

. Cet état de choses à quoi faut-il l'attribuer? D'abord à l'inégalité d'éducation qui crée un abîme entre les classes inférieures et les classes supérieures, et aussi à l'inégalité de condition, que l'on pourrait mieux appeler l'inégalité du point de départ. Ce qui frappe aujourd'hui les esprits, c'est que l'homme qui n'a que ses bras, quelque bonne volonté, quelque intelligence qu'il possède, peut difficilement s'élever. Certes, je suis loin de nier qu'on n'ait cherché à rendre meilleure cette situation précaire, par l'institution d'établissements de crédit, par la création des assurances sur la vie, qui ont surtout pour but d'empêcher que la veuve et les enfants ne soient obligés de recourir à la pitié publique, mais, après tout, ce ne sont là que de faibles correctifs.

Une des causes les plus déterminantes peut-être de cette inégalité du point de départ pourrait bien résider dans cette décision de l'Assemblée constituante de 1789 qui, détruisant les corporations, les maîtrises et les jurandes crut ne pouvoir mieux faire que de proclamer la *liberté du travail,* sans s'apercevoir qu'elle abandonnait à tous les hasards de la concurrence des hommes qui ne possédaient pas même les instruments de travail indispensables.

Dans tous les cas, quoi qu'il en puisse être, à ne s'en tenir qu'à la constatation des faits, l'ouvrier, esclave dans l'antiquité, serf au moyen-âge, se trouve encore aujourd'hui dans une position inférieure que M. de Châteaubriand a fort bien définie en disant : Le salariat est la transformation de la servitude.

On ne sait pas assez dans le monde que tous les auteurs qui font aujourd'hui autorité en matière d'économie politique sont depuis longtemps unanimes sur le point capital de cette science, à savoir : la loi du salaire, la nature des rapports qui existent entre le capital et le travail, le sort réservé à jamais aux travailleurs par la nature des choses économiques constituées. Tous conviennent que cette loi est une sentence de malédiction et de mort pour la multitude ouvrière qu'elle tient dans une impasse, qu'elle laisse sans espoir ; que sa destinée est celle de la bête de somme à qui son maître répartit chaque jour une nourriture insuffisante. Nous aurons bientôt occasion de passer en revue les opinions de tous les auteurs classiques en économie politique et nous rencontrerons un accord parfait, et une harmonie d'observations et de preuves dont la lecture dissipera toute espèce de doute.

II

Et d'abord qu'entend-t-on par salaire? Le salaire est la rémunération du travail. Il serait mieux appelé, dit Rossi, une rétribution (1).

Le salaire du travail est compris dans ce qu'on appelle les frais de production.

Par *frais de production* ou *prix de revient*, on comprend généralement la dépense en outils et matières premières, la consommation personnelle du producteur, plus une prime pour tous les accidents dont est semée sa carrière : maladies, vieillesse, paternité, chomages, etc. Le salaire est donc la part du travail dans les frais de production. Nous allons ultérieurement voir comment et par qui est faite cette part.

Si les ouvriers pouvaient produire à eux seuls, il est évident que la vente des objets fabriqués ainsi les conduirait, par suite de l'appréciation qu'ils feraient eux-mêmes de la valeur de leur travail, à une rémunération dont le chiffre, désigné par eux, leur donnerait les moyens de satisfaire tous leurs besoins. Mais ce n'est que par exception que l'on rencontre des ouvriers indépendants, et le plus souvent le produit des travaux est soumis à une déduction de bénéfice.

Dans tous les arts, dans toutes les manufactures, dit l'auteur de la *Richesse des Nations* (2), le plus grand nombre des ouvriers a besoin d'un maître qui leur avance, avec

(1) Au point de vue philosophique, la rémunération représente le paiement intégral, exact, du service rendu; la rétribution, au contraire, diffère en ce qu'elle n'est pas calquée sur le fait qui lui donne lieu, c'est-à-dire que la rétribution n'est pas un paiement absolu mais un paiement conventionnel qui peut ne pas satisfaire complètement l'auteur de l'acte qui en est l'objet.

(2) Adam Smith.

les matières qu'ils travaillent, et leur salaire et leur subsistance jusqu'au temps où l'ouvrage est pour lui-même
complètement achevé. Ce qui caractérise alors le salaire,
c'est la fixité de la rétribution ; c'est une espèce d'abonne-
ment par lequel l'ouvrier abandonne sa part dans la richesse produite, moyennant une somme invariable qui ne
soit soumise à aucune chance aléatoire. Cela se comprend,
car les besoins quotidiens de l'ouvrier ne lui permettent
pas de courir les hasards d'une spéculation. Le travail
terminé, le maître prélève une portion sur le produit du
travail, ou sur la valeur que la main d'œuvre ajoute à la
matière, et cette portion fait son bénéfice.

Que devient alors le salaire ? Il est pour l'ouvrier le
prix des marchandises fabriquées, déduction faite de l'intérêt des capitaux, déduction faite de l'intérêt du travail
du capitaliste et de l'industriel. Cependant le maître de
l'exploitation gagne énormément et l'ouvrier gagne peu,
car les profits du maître se multiplient par le nombre des
produits ; le gain de l'artisan sur chaque objet par lui fabriqué est plus fort, mais il n'est pas plusieurs fois répété.
En outre, il faut bien se pénétrer de ceci, c'est que, si
l'industrie traverse des crises, le capitaliste cherchera à
conserver l'intérêt de son capital, l'industriel son béné-
ce, et ils n'y parviendront qu'en restreignant le salaire.

Le salaire, outre certaines circonstances qui peuvent le
modifier (professions, lieux, industries, saisons, abondance,
disette), dépend de l'offre et de la demande des bras ;
mais dès qu'il est élevé dans une profession, la concurrence s'y porte et le fait baisser. Au contraire, lorsqu'il
est bas, les ouvriers tendent à quitter la profession et le
salaire se relève par la diminution de la concurrence.

Certains économistes ont voulu, par une sorte d'échange
qui en théorie était certainement une heureuse idée, arriver à une certaine stabilité dans le chiffre de la rémunération du travail.

Ils ont conseillé aux travailleurs de se déplacer, lorsqu'à la suite d'une espèce d'engorgement, de pléthore
d'ouvriers, le salaire baisserait, les engageant à se porter
sur les points où l'on manquerait de bras et où par conséquent le chiffre de la rétribution serait plus fort.

Mais en pratique cela est-il exécutable ? Est-il possible
à un homme qui n'a pas même l'indispensable ou n'a que

tout juste ce qu'il faut pour vivre, d'aller d'un endroit dans un autre, toujours à de grandes distances, — car il ne faut pas croire que les variations puissent se produire sur des points très rapprochés, — sans faire des dépenses qui excèdent ses ressources.

Je sais bien qu'Adam Smith a dit que partout où les demandes étaient nombreuses, le chiffre de l'offre était petit ; mais de là à conseiller un déplacement continuel il y a loin, et l'illustre économiste était trop bien pénétré de cette maxime d'un de ses célèbres compatriotes : « Qu'il n'y a rien qui éprouve tant de difficultés à se transporter qu'un homme, et surtout qu'un ouvrier, » pour indiquer un semblable moyen de compensation.

Ce palliatif est donc inapplicable et en effet la plupart du temps, pour ne pas dire toujours, les travailleurs sont forcés de végéter dans le même lieu et de subir les caprices des patrons, les oscillations dans le prix des subsistances, et ce qui est plus affreux encore la concurrence de leurs frères en douleurs.

Nous avons un exemple frappant dans une ville de l'Hérault où l'on fabrique des draps d'habillement militaire. Le nombre des ouvriers de Lodève est bien supérieur au chiffre des bras employés ; aussi qu'en résulte-t-il ? Abaissement du salaire pour ceux qui sont occupés et misère pour les autres.

Croit-on, en outre, que dans les premiers temps, avant que la tradition soit usée, la suppression du livret en enlevant aux patrons les moyens de vérifier la moralité de l'ouvrier, soit de nature à favoriser l'existence nomade que l'on voudrait donner aux travailleurs.

A ce moyen, je préfère celui que Condorcet (1), et après lui quelques auteurs modernes, ont recommandé.

L'Etat devrait encourager l'enseignement professionnel, et faciliter aux ouvriers les moyens de se tirer d'affaire pendant la durée d'une crise, au moyen d'un changement de

---

(1) Condorcet dans son plan d'éducation républicaine établissait à son second degré d'enseignement une instruction générale où l'on apprenait tout ce qu'il faut savoir de toutes les sciences sans entrer dans le détail professionnel, et, à côté, des cours spéciaux, entre lesquels l'élève pouvait choisir, fournissaient à chacun le moyen d'approfondir, au point de vue des professions diverses, les connaissances esquissées dans la section d'instruction générale.

profession. Grâce à ses connaissances variées, l'ouvrier ne serait jamais embarrassé.

Seulement, cela n'est utile que dans une certaine mesure. On ne tient pas compte des longueurs et des difficultés de l'apprentissage, on ne voit pas qu'avec le système de la division du travail, l'ouvrier n'est plus qu'un instrument qui n'acquiert de valeur que par son agrégation avec d'autres instruments, que si tous les travailleurs usent du conseil qui leur est donné, on en sera toujours au même point, qu'il y aura tantôt marée montante, tantôt marée basse sur un point de cet océan des travailleurs.

Ces remèdes là n'ont qu'un effet momentané, ils ne produisent même de résultat que tout autant qu'ils ne sont appliqués que sur une petite échelle.

III

Les économistes anglais de l'école de Ricardo distinguent le salaire *courant* du salaire *normal* ou *régulateur*

Le salaire courant est celui que le patron paie réellement à ses ouvriers ; c'est une somme effective.

Le second est une sorte de point abstrait vers lequel le salaire courant tend à se porter, allant au-delà ou se tenant en deçà, de telle façon que rarement le salaire courant coïncide avec le salaire normal.

Or, ce salaire normal, ce prix régulateur qu'on ne peut jamais atteindre représente la somme nécessaire pour la subsistance de l'ouvrier et d'une famille même très peu nombreuse.

Si les salaires varient d'un lieu à un autre, il ne faut pas croire que l'élévation soit due à un rapprochement de ce point nécessaire ; le salaire se règle, comme nous le verrons, sur les frais d'entretien. Pas toujours, il est vrai ; car autrement il serait indifférent, dit M. Lahardy de Beaulieu, que les choses nécessaires à la vie fussent chères ou à bon marché ; d'où la justification de tous les monopoles, de toutes les spoliations, de toutes les mesures législatives qui ont pour effet de faire enchérir artificiellement ces prix, ce qui serait absurde.

Seulement, ce qu'il est non pas curieux mais triste de constater, c'est que le salaire en été est plus élevé qu'en hiver, et cependant c'est en cette dernière saison que les vivres sont plus chers qu'à toute autre époque de l'année, les besoins de toute sorte augmentent, il faut se réchauffer pendant les longues veillées, il faut se vêtir chaudement et brûler de l'huile.

Quel sujet de méditation que ce passage de Buchanam : « les salaires doivent baisser dans les années de disette et hausser dans les années d'abondance, parce qu'autrement la nature irait contre ses propres desseins et se contredirait elle-même. Dans les années heureuses, il y a abondance pour tous, le salaire hausse et l'ouvrier participe à la vie ; dans les années de disette il faut que le travailleur supporte sa part de privations et qu'il ne consomme pas autant de subsistances. »

Alors, dira lugubrement Ricardo, à force de privations le nombre des ouvriers se trouve réduit et l'équilibre est rétabli.

IV

Le capitaliste et le travailleur sont unis quand il s'agit de produire la richesse, mais l'antagonisme commence au moment de la répartition.

C'est dans la détermination du salaire qu'éclatent les hostilités, car plus la part de l'ouvrier dans l'entreprise est élevée, moins est considérable le bénéfice du patron et vice-versa.

Richard Cobden a très-bien précisé la situation et indiqué quelles sont les conditions de la fixation du taux du salaire en disant : « Quand deux capitalistes courent après un ouvrier, le salaire hausse ; il baisse lorsque deux ouvriers courent après un capitaliste. »

Eh bien ! est-il probable que l'industriel ira chercher l'ouvrier ? Est-il comme ce dernier poussé par la misère ? Pourra-t-on, non pas imposer des conditions aux patrons, mais seulement leur faire accepter des demandes raisonnables ? D'un autre côté n'est-il pas plus facile à un industriel de se concerter avec les autres industriels, soit d'une façon ouverte, — la fameuse loi de 1864 leur en donne le droit, — soit d'une façon cachée, et lors même qu'il n'y aurait pas entr'eux de traité stipulé contradictoirement, n'est-il pas reconnu tous les jours qu'il existe une sorte de ligue tacite, de coalition des patrons. Si l'ouvrier réclame individuellement, il sera expulsé sans pitié ; si tous les membres d'un atelier agissent par demande collective, quelle est la mesure de leur action ?

Sous l'empire de la loi de 1810, le bassin houiller de la Loire était subdivisé en un certain nombre de petites propriétés minérales qui se ruinaient par la concurrence. Quelques-uns des propriétaires s'entendirent, il y a 25 ans, pour diminuer leurs frais généraux, abaisser le salaire et augmenter le prix des charbons. Une société anonyme sous le titre de la *Réunion des mines de la Loire* fut organisée. Sa fondation amena un soulèvement des mineurs, une grève que le gouvernement de Louis-Philippe termina en fusillant et en condamnant les mineurs.

Aujourd'hui, la législation de 1845 est abolie et le gouvernement du 2 décembre nous a doté de la loi de 1864 sur les coalitions, œuvre de M. Emile Ollivier de bien triste mémoire, aux termes de laquelle les patrons peuvent s'entendre librement — ce qui était un moyen pour le gouvernement d'acquérir leurs sympathies —, et qui donne aussi le droit aux ouvriers de faire entendre leurs plaintes ; je dis plaintes, car, avec les fusillades de la Ricamarie et d'Aubin, les mineurs de Saint-Etienne ont fait une bonne expérience de l'étendue des pouvoirs qu'elle leur conférait. Ce baume que l'auteur des *Idées napoléoniennes* voulait mettre sur les plaies du paupérisme était du baume d'acier.

Ces deux législations contraires aboutissent au même résultat : à ne raisonner que logiquement il faut les condamner toutes deux. Et, en effet, que la loi empêche ou proclame le droit de coalition, elle n'arrive qu'à protéger une des parties en présence, aux dépens de l'autre. Elle permet au gouvernement de s'ingérer dans ce qui ne le regarde pas et d'être le *capucimètre* de l'offre et de la demande. Elle oppose des intérêts qu'il faudrait associer, elle fait intervenir la force dans une question de droit, et tout en paraissant favoriser la multitude ouvrière, cette politique la livre au contraire toute entière aux patrons.

En effet, on peut se demander — et la réponse n'est pas douteuse — qui se lassera plus tôt des longs débats et des remises à quinzaine, de l'industriel ou du travailleur que la faim torture tout le long du jour.

Le prolétaire peut bien, comme il l'a fait en 1848, mettre deux mois au service d'une idée, mais ce laps de temps écoulé, il est obligé de se soumettre et qui pis est d'offrir son travail uniquement pour la simple nourriture.

Certes, je ne suis pas de ceux qui croient qu'il y a quelque chose de vrai dans le mot de Hobbes : *Homo homini lupus,* l'homme est pour l'homme un loup; je ne veux pas prétendre que l'industriel a toujours un cœur de pierre, et que tout entier à l'addition des longues colonnes des chiffres de ses profits, il voie d'un œil sec les malheureux qui végètent autour de lui.

Les patrons ne sont pas tous mauvais, et dans certaines usines, si le commerce se ralentit, si le nombre des affaires diminue, les salaires n'éprouveront jamais sur le coup et du jour au lendemain un abaissement désastreux. Aussi longtemps que les facultés du patron le lui permettent, et malgré le dommage qui en est la suite, le travail continue, sous son toit, de fournir le pain quotidien au travailleur. Le patron lorsqu'on lui demande une avance désintéressée ne répond jamais par un refus, et tout sacrifice rendu obligatoire par les circonstances lui paraît nécessaire. Lorsqu'un ouvrier tombe malade, il est soigné aux frais du maître et continue malgré son inaction à recevoir un salaire suffisant pour l'entretien de sa famille.

Dans certains ateliers, ceux de Sedan par exemple, on occupe les vieillards à des travaux qui n'exigent pas de force musculaire, et on leur alloue une rétribution suffisante pour leur subsistance.

Cependant, il faut le reconnaître, ce patron là est comme le dit le poète : *rara avis.*

La plupart du temps, la soif du gain saisit l'industriel, sa conscience s'endurcit. Il cherche alors à spéculer implacablement sur le travail et la sueur d'autrui.

On attribue surtout cette préoccupation à la concurrence illimitée. Il faut en accuser aussi les difficultés et la stagnation du commerce, les crises soudaines et imprévues, les rivalités effrénées, la ruine imminente. Ce sont là des mobiles puissants qui poussent le fabricant à augmenter sans cesse sa part de bénéfice en diminuant de plus en plus la somme destinée à rémunérer le travail.

L'auteur des *Annales de la Misère,* M. Buret, attribue

ces vices à la constitution presque universelle de l'industrie, dont les perfectionnements deviennent la ruine progressive et certaine de l'ouvrier. On ne saurait trop aussi se pénétrer de ces paroles de M. de Tocqueville : « L'aristocratie manufacturière est une des plus dures qui aient paru sur la terre. »

Que si, en effet, on étudie l'organisation de l'industrie, on constate que son caractère est anti-social. Elle met sans cesse en lutte les intérêts de l'acheteur et ceux du vendeur du travail, et divise alors qu'il faudrait unir. Elle crée un conflit entre la production et la consommation et par suite elle conspire contre la prospérité des classes laborieuses Il suffit de lire nos économistes pour s'en convaincre.

Nul doute que le salaire de l'ouvrier ne soit au-dessous de ses besoins physiques. L'année ouvrable n'excède pas dix mois ! Il y a donc dans les ressources de l'ouvrier un déficit proportionné au temps du chômage! FRÉGIER.

Le prix naturel du travail est celui qui fournit aux ouvriers les moyens de subsister et de continuer leur espèce, sans *accroissement* ni diminution. (RICARDO *et tous les Economistes anglais.*

Le simple ouvrier qui n'a que ses bras et son industrie, n'a rien qu'autant qu'il parvient à vendre à d'autres sa peine. Il la vend plus ou moins cher ; mais ce prix plus ou moins haut ne dépend pas de lui seul : il résulte de l'accord qu'il fait avec celui qui paie son travail ; celui-ci le paie moins cher qu'il peut ; comme il a le choix entre un grand nombre d'ouvriers, il préfère celui qui travaille au meilleur marché. Les ouvriers sont donc obligés de baisser les prix à l'envi les uns des autres. En tout genre de travail il doit arriver, et il arrive, en effet, que le salaire de l'ouvrier se borne à celui qui est nécessaire pour lui procurer sa subsistance. TURGOT.

L'ouvrier ne doit recevoir de salaire que précisément ce qu'il faut pour entretenir son existence. Les travaux nécessaires sont aussi les plus généralement demandés et les plus constamment employés ; mais aussi, il est dans la nature des choses qu'ils soient toujours les plus mal payés ; cela ne peut être autrement ; — car dans les cas ordinaires, le salaire du peuple ne s'élève pas au-dessus du taux nécessaire pour le faire subsister lui et sa famille, parce que, pour exécuter son service, il ne faut pas d'autres conditions que d'être homme, et qu'un homme naît partout où il peut subsister. J.-B. SAY.

S'il était possible qu'on vint à découvrir une nourriture moins agréable que le pain, mais qui put soutenir le corps de l'homme pendant 48 heures, le peuple serait bientôt réduit à ne manger que de deux jours l'un, lors même qu'il préférerait son ancienne habitude. Les propriétaires de subsistances, usant de leur pouvoir et désirant multiplier le nombre de leurs serviteurs, forceront toujours les hommes qui n'ont ni propriété ni talent, à se contenter du simple nécessaire. Tel est l'esprit humain que les lois sociales ont si bien secondé. Necker.

La morale considère les actions sous un autre point de vue que l'économie politique. L'homme est un capital accumulé qui n'a de valeur que selon la masse de ce capital dans l'intérêt de la production. J.-B. Say.

Il se peut, à la longue, que le maître ait autant besoin de l'ouvrier que celui-ci a besoin du maître, mais le besoin de celui-ci n'est pas si pressant. Adam Smith.

Dans cette espèce d'échange, il est naturel que chacun désire recevoir le plus et donner le moins qu'il peut. — Mais le prix sera différent selon que l'un des deux aura un besoin plus ou moins pressant de la denrée de l'autre. Turgot.

La hausse des profits résulte uniquement de la baisse des salaires. Ricardo.

Le pauvre ouvrier qui n'a que ses bras à offrir n'a pas l'espérance d'obtenir de forts salaires : il sera toujours réduit au moindre prix. Le prix tombera même au-dessous du strict nécessaire, s'il se présente plus de travailleurs qu'on n'en peut employer. C'est dans ce cas-là qu'ils s'éteignent par l'effet de leur détresse. — Quand il ne reste plus un champ qui n'appartienne à personne, c'est alors que la presse commence ; ils baissent de prix ; cela ne les empêche pas encore de faire des enfants et de multiplier imprudemment : bientôt ils deviennent trop nombreux ; alors il n'y a plus parmi eux que les plus habiles ou les plus heureux qui puissent se tirer d'affaire. Tous ceux dont les services sont moins recherchés ne trouvent plus à se procurer que la subsistance la plus stricte, toujours incertaine et insuffisante. Ils deviennent presque aussi malheureux que s'ils étaient encore sauvages. Destut-Tracy.

Le grand corps du peuple ne jouit du sort le plus doux qu'à l'époque où les sociétés, par une marche progressive, s'élèvent vers la plus haute richesse. Y sont-elles parvenues ? Elles s'y fixent, et la condition de l'ouvrier devient pénible. La fortune des nations décline-t-elle, les dernières tribus nagent dans la misère. Adam Smith.

Il est affligeant de penser, mais il est vrai de dire que, même chez les nations les plus prospères, une partie de la population périt tous les ans de besoin, non pas positivement du défaut de nourriture, mais parce qu'elle n'a pas tout ce qui est nécessaire pour vivre. J.-B. Say.

Dans le marché qui se débat entre l'ouvrier et celui qui l'emploie, le prix du travail se mesure sur le nécessaire. Avec le contrat libre tel qu'il existe aujourd'hui, l'ouvrier donne son travail, le maître paie le salaire convenu..... Quand les affaires du maître sont embarrassées et que son industrie décline, il renvoie sans pitié l'ouvrier, et ne voulant plus de travail, cesse d'accorder le salaire. Peu lui importe que l'ouvrier manque de travail ou puisse trouver un autre emploi, que sa misère soit extrême..... Du moment qu'il n'a plus besoin de ses bras, il le congédie ; c'est à l'ouvrier à se tirer d'affaire comme il peut. Ainsi le veulent nos lois. Tel est donc l'inévitable résultat de la liberté du travail : elle rend la condition de l'ouvrier plus précaire ; quelle périlleuse condition ! l'ouvrier exposé à tous les hasards de la fortune... n'ayant que son travail pour unique ressource, et frappé dans ses moyens d'existence chaque fois que quelque changement dans les débouchés ou quelque excès dans la production arrête l'industrie qui les soutient, sur quel fragile fondement repose son bien-être !   Duchatel.

L'atelier, ce lieu d'épuisement, hors duquel tant de milliers de prolétaires ne sauraient vivre, s'ouvre ou se ferme au gré du chef d'industrie qui par là possède une sorte de pouvoir de vie et de mort sur les machines vivantes employées à la production ; si donc, il ne dispose pas comme le planteur du fouet du commandeur, il a un instrument de domination bien plus énergique encore : la faim !   L. Faucher.

Quelle que soit la conduite du travailleur, sa pauvreté d'abord et bientôt l'indigence se trouveront assises à son foyer, si la population s'accroît plus que la demande de travail, plus que le capital circulant. Toutes les déclamations, tous les chimériques projets de ses prétendus amis ne feront jamais que l'ouvrier obtienne pour son travail une large récompense, lorsque son travail n'est pas nécessaire au capitaliste. Pour que les salaires s'élèvent, il faut que le capitaliste ait plus besoin des bras de l'ouvrier que l'ouvrier des écus du capitaliste.   Rossi.

Au moyen de la propriété exclusive de la terre, le sol est dans un petit nombre de mains avides et jalouses, et la subsistance de tout le reste de l'espèce dépend des goûts et des caprices de ce petit nombre. Encore ce petit nombre tend-il à se resserrer de plus en plus, tout propriétaire mettant son ambition à agrandir la quantité de terre qui est à sa disposition, et les maîtres des propriétés les plus grandes ayant toujours le désir et les moyens d'engloutir les plus petites. C'est donc dans la sensualité et la vanité des riches, dans les besoins innombrables que leur créent ces deux passions, qu'il faut rechercher le principe de la population et de la puissance des peuples modernes. Si les propriétaires sont oisifs et voluptueux, s'ils aiment à élever des chevaux pour leur amusement et leur commodité, s'ils veulent consommer des mets et des vins étrangers, etc., alors une partie de la terre sera employée à nourrir des chevaux, etc., et ce sera autant de retranché sur ce qu'on aurait pu consacrer à nourrir des hommes.

Germain Garnier et Carion-Nisas.

Le prix naturel des choses est celui qui est représenté par le montant des frais de production. Le prix courant, celui qui est représenté par les oscillations du marché, au-dessous et au-dessus du prix naturel. Mais évidemment pour que le prix courant restât voisin du prix naturel, et que la concurrence et les consommateurs puissent toujours commander aux oscillations, il faudrait supposer, ce qui n'est pas, une

liberté indéfinie de retrait chez les consommateurs et de concurrence
du côté des producteurs.   Rossi.

Mais cela n'arrive pas même pour les marchandises qui peuvent se
multiplier à proportion de la demande, *à fortiori*, pour les marchandises qui ne sont pas de nature à être multipliées en raison de la demande. L'augmentation par conséquent se produit à mesure qu'elles
sont plus demandées et cela sans qu'il soit possible de fixer des bornes
à cet enchérissement.   Carion-Nisas.

Plus la société augmente en population et en richesse, plus les produits de la terre sont demandés, et les équivalents à offrir en échange
nombreux ; et plus, par conséquent, la rente du propriétaire augmente
et en quantité et en valeur.   *(Revue des Économistes).*

Quand toutes les terres sont occupées, le fermier est obligé de se
contenter pour salaire de son entretien et de celui de sa famille, et tout
le surplus est donné pour fermage.   Gasparin.

Le fermage de la terre, considéré comme le prix payé pour l'usage
de la terre, est naturellement un prix de monopole.   Ad. Smith.

Il est évident que la possession de la terre, des mines, des carrières,
constitue un monopole. Il n'y a pas là de concurrence possible au-delà
de certaines limites facilement appréciables. Pourquoi le cultivateur
qui a obtenu du blé dans la terre la plus fertile ne profiterait-il pas
de la hausse du prix du blé produit le plus chèrement? Il n'a pas à
craindre comme le marchand de bas ou de chapeaux qu'on établisse
des machines à côté de la sienne pour multiplier les produits. Ainsi,
quelle que soit la quantité des terres, il n'y aura pour le blé, sur le
marché, qu'un seul prix, et ce prix sera représenté par la production
la plus chère.   Rossi.

Je pourrais multiplier les citations, mais cela nous en-
traînerait trop loin. En résumé :

Penser que l'ouvrier puisse jamais gagner beaucoup plus que ce qui
lui est indispensable pour préserver lui-même et sa famille du besoin,
en sachant la contenir dans de justes limites, c'est caresser une chimère.
La rente territoriale et le profit du capital, déductions nécessaires, et par
conséquent légitimes, que supportera toujours le simple travailleur,
s'opposent à cette utopie d'une manière invincible.   Eugène Daire.

Eh bien ! croit-on que l'ordre social n'est pas près de
périr, lorsque le salaire de l'ouvrier n'est plus en harmonie avec son travail, et que les sueurs qu'il verse chaque
jour ne sont plus assez fécondes pour le faire vivre lui et
sa famille. Il faut que l'homme puisse vivre, s'écrie Schiller,
sans cela il promènera l'incendie et le meurtre.

IV

Quoique il n'y ait qu'une loi pour déterminer le prix du travail, il existe cependant une très-grande diversité dans le taux des salaires. Adam Smith a distingué cinq causes de cette diversité.

1° Le salaire varie selon la nature du métier, c'est-à-dire selon les avantages ou les désavantages, les agréments ou les désagréments qu'il comporte. Ainsi nul doute que le mineur par exemple ne doive gagner beaucoup plus à cause des dangers qu'il court et de la privation qu'il subit de la clarté du jour, que le forgeron qui travaille à l'air libre, lors même que la durée de son travail serait plus grande. On comprend aussi que les ouvriers des établissements insalubres ou dangereux soient mieux rétribués que les autres.

2° Il est faible ou élevé en proportion de la longueur et de la difficulté de l'apprentissage ou de la presse. Naturellement, l'homme qui a dépensé beaucoup de temps et de peine pour arriver à une profession doit être mieux rétribué que celui qui en exerce une qu'il a pu connaître dans l'espace de quelques jours. C'est sur ce principe surtout — il y a bien aussi la question de l'entretien — qu'est fondée la différence des salaires entre les ouvriers des villes et ceux des campagnes. Du nombre des travailleurs dépend aussi la hausse ou la baisse des salaires. Une profession dont le travail est bien rémunéré, celle des apprêteurs de peaux, n'admet, pour maintenir le salaire à un taux assez fort, qu'un nombre limité d'apprentis.

3° Une autre circonstance qui influe sur le salaire est due aux interruptions que le travail peut souffrir. Ainsi la prévision des chômages, d'inactions forcées, agit sur la valeur de la rétribution. Les maçons, entr'autres, qui sont exposés aux intempéries de l'air, qui ont les bras liés pendant les grandes gelées, sont mieux payés que les ouvriers des manufactures qui ne courent pas autant qu'eux le risque de manquer d'occupation.

4° La confiance qu'il faut accorder à l'ouvrier est aussi une cause de variation du salaire (bijoutiers, joailliers, etc.)

5° Les vacillations du prix tiennent encore à la probabilité ou à l'improbabilité du succès. Cette dernière cause ne se présente que lorsqu'on compare les professions libérales aux professions industrielles, mais ce n'est pas ici le lieu de s'en occuper.

De l'examen de l'ensemble de toutes ces causes, il résulte évidemment que le salaire le moins fort est celui qui est attribué au plus grand nombre. D'ailleurs nous n'avons qu'à reproduire la liste des ouvriers dont la destinée est la plus exposée à des chances défavorables, que M. de Gérando donne dans son excellent ouvrage sur *la Bienfaisance publique*, pour nous convaincre que c'est la majorité qui souffre. Les travailleurs les plus malheureux sont :

Ceux qui travaillent entièrement pour le compte d'autrui ;

Ceux dont le travail n'emploie que la force musculaire ;

Ceux qui fabriquent les objets de luxe ;

Ceux qui louent leur travail au jour le jour ;

Ceux qui fabriquent les objets destinés à l'exportation.

Quels sont les moyens pour éviter ces abaissements ou ces élévations du salaire, cette sorte de flux et de reflux ? La plupart des économistes se sont ingéniés à chercher une solution ; ils n'ont trouvé qu'un expédient. Ils conseillent aux parents de se préoccuper, avant de livrer leurs enfants à un apprentissage, de l'avenir qui est réservé au métier qu'ils vont lui faire apprendre, de considérer quels sont les travaux pour lesquels il y a tout au moins équilibre entre l'offre et la demande, de rechercher si telle industrie n'est pas destinée à acquérir un développement de nature à déterminer un accroissement dans le chiffre de la rétribution, par suite de l'insuffisance des bras, et de se garder de laisser leurs enfants se jeter aveuglément dans une profession où ne les attendent que la misère et que le désespoir. Mais c'est là de l'économie empirique, et ce n'est pas un remède passager qu'il faudrait, c'est une réforme. Ces réserves faites, nous reconnaissons néanmoins l'excellence du conseil.

Un grand nombre d'auteurs qui font de l'économie de cabinet, et n'observent jamais sur le terrain pratique, ont préconisé aussi comme un moyen d'arriver à une rémunération convenable, le salaire à la pièce qui, dit-on, dispense le patron de toute surveillance et excite l'activité de l'ouvrier par l'appât d'un gain plus considérable. Sans doute, le salaire à la journée a des inconvénients ; les travailleurs croient — quelquefois avec raison — faire assez pour la misérable somme qu'on leur alloue ; ils ont besoin de cet œil du maître dont parle Lafontaine ; mais d'un autre côté, le salaire à la pièce en aiguillonnant l'ouvrier par le désir de parvenir ou de procurer un peu de bien-être à sa famille, le conduit à épuiser ses forces par des fatigues excessives. Disons-le bien haut, le salaire à la pièce avec le principe de la division du travail qui nous régit actuellement, et l'emploi des machines, ne peut être pratiqué sur une large échelle et ne permet à l'ouvrier d'améliorer son sort qu'en compromettant sa santé. Cela suffit pour le faire condamner.

On a aussi beaucoup parlé de l'avantage de l'association entre les patrons et les ouvriers, mais outre que les expériences faites jusqu'ici ont échoué, les premiers ne se résignent pas facilement à compter avec leurs travailleurs. Ce genre d'association n'a pu jusqu'ici réussir que sur le terrain commercial où le rapprochement est plus facile, et ne blesse pas autant la susceptibilité des patrons. D'ailleurs, selon moi, tout compromis doit être rejeté, et l'ouvrier doit pouvoir se passer de toute intervention étrangère.

On dit aussi que la demande des bras a lieu par l'accroissement du capital. Cela est spécieux. En effet, qu'est-ce qui empêchera l'industriel, à mesure que sa fortune augmente, d'acheter les instruments, les machines qui lui permettent de simplifier la production. Admettons même que le fabricant avec ses avances ne renouvellera pas son outillage et continuera à employer des ouvriers. Qui est-ce qui garantira au capitaliste la vente de tous les produits qui s'accumuleront entre ses mains. Il n'y a pas de production sans consommation, ces deux faits sont unis par une relation intime, il arrivera donc qu'il y aura encombrement, et inévitablement quelque crise terrible viendra fondre sur la multitude ouvrière. « Augmenter les revenus d'un pays, les capitaux d'un pays, s'écrient les économistes, c'est créer du travail ; sans capital, pas d'industrie. » Cela est vrai, mais on ne s'aperçoit pas que pour obtenir ce résultat il faudrait pouvoir diriger l'emploi du capital au profit de tous ; qu'un seul individu ou plusieurs bénéficient de cette augmentation, les classes laborieuses n'en ressentent pas l'influence. Avec la constitution de l'industrie, le capitaliste, tout entier au principe d'isolement et d'individualisme qui la régit, n'est entraîné à faire le mal qu'au fur et à mesure que sa boule de neige s'arrondit. Certes, le capital mieux réparti, mieux affecté accroîtrait la prospérité publique. Le temps n'est pas loin où on comprendra que l'association devant être le but de toutes les forces humaines, c'est seulement en réglant l'emploi du capital qu'on lui donnera le caractère de légitimité qu'on lui accorde, souvent à tort selon nous, dans l'état actuel des choses, en lui donnant de la productivité.

Enfin que n'a-t-on pas proposé? Louis Blanc et Proudhon entr'autres ont cherché à établir l'égalité des salaires. Mais ils n'ont pas réfléchi que c'était ne pas tenir compte des aptitudes, tuer chez les ouvriers ce germe fécond et vivifiant de l'espérance en un sort meilleur et convertir le travail en un fait matériel, dépourvu de ce qui seul l'ennoblit, l'ambition de s'élever.

Il serait trop long de poursuivre l'énumération de tous les projets qui se sont fait jour sur cette importante matière, qu'il me suffise de dire que toutes ces données tendent à prolonger le régime du salariat, à maintenir le *statu quo*, en augmentant seulement la part du travailleur dans les frais de production. Nous avons vu dans la pratique s'il était possible d'en arriver là.

<h2 style="text-align:center">V</h2>

En résumé, nous savons : comment le nombre des travailleurs, la quantité de travail disponible dépendant du capital qui l'alimente, l'activité industrielle, influent sur le salaire. Nous avons vu aussi que la loi du salaire pouvait être modifiée par certaines causes que nous avons étudiées. Nous devons maintenant que nous connaissons la façon dont le salaire est établi dans l'industrie et que nous avons constaté son insuffisance, nous demander quelle devrait être sa composition pour que la rétribution du travail fut juste et équitable et conforme aux lois de la répartition.

Voici ce que le salaire de l'ouvrier devrait comprendre, pour être simplement suffisant :

1° Ce qu'il faut pour vivre dans le milieu où l'ouvrier

est placé et où il veut rester, c'est-à-dire en n'admettant chez lui aucune ambition de parvenir, aucun noble désir de sortir de son état inférieur ;

2° Les frais de réparation ou les frais d'achat de ses outils.

3° L'amortissement du capital employé par ses parents, avec lequel il puisse alimenter son enfant qui doit le remplacer un jour dans la société, à la condition toutefois que sa femme se suffise à elle-même.

4° Ce qu'il lui faut en cas de maladie, car presque tous les prolétaires sont livrés à quelque infirmité, résultat d'un excès d'application à leur métier. Pour se représenter ce qu'il y a de terrible dans le sort des ouvriers malades, il suffit de se rappeler le précepte du célèbre docteur Rammuzzini : « Le *devoir* du médecin, auprès d'eux, c'est de les rétablir le plus rapidement possible, en leur administrant des remèdes forts, puisque ces malheureux prient souvent les médecins de leur donner la mort ou une guérison prompte ! Il faut avoir soin d'accélérer la cure, sans quoi l'ennui d'une maladie longue et l'inquiétude sur le sort de leur famille les jette dans la consomption. » Je sais bien que les philanthropes à courte vue peuvent m'objecter que les sociétés de bienfaisance et de secours mutuels viennent en aide à l'ouvrier. Mais je suis loin d'être partisan de ces caisses de secours qui sont plutôt des boîtes à double fond que des coffres-forts. L'argent passe dans trop de mains, dans une filière qui le rétrécit considérablement, et de plus ce n'est la plupart du temps qu'une question de candidature ou de réclame qui fait éclore ces sortes de sociétés. Restent les hôpitaux, mais quel est celui qui pourrait dire de sang froid, qu'il y a là ce que dans un autre ordre d'idées, on appelait sous l'empire le couronnement de l'édifice pour la classe ouvrière.

5° Un supplément destiné à former un fonds de réserve pour soutenir l'ouvrier dans sa vieillesse, lui permettre de rester dans sa famille lorsque l'âge l'aura rendu impuissant, et pour l'arracher à ces hospices, sépulcres de vivants, sur lesquels on devrait inscrire les mots du Dante : laissez en entrant toute espérance. Il ne faut pas abandonner à la charité publique ces soldats invalides de la grande armée du travail, ce n'est que de la logique après tout que de donner au travailleur en salaire, ce qu'on est obligé de lui accorder plus tard à titre d'aumône.

Si l'on assemble les vies d'un grand nombre d'hommes, on verra que la moyenne de leurs années de travail, limitées par des causes nombreuses et diverses, ne dépasse pas dans les temps ordinaires plus de vingt-cinq années environ. Celui qui a consacré au service de la société cette période de la plénitude de ses forces et de sa vigueur, doit-il donc être laissé de côté, ainsi que le dit Voltaire, comme cet orange dont on a exprimé le jus et qu'on jette au fumier. Dans un état bien ordonné, disait un illustre orateur du dix-huitième siècle, tant qu'un citoyen a du superflu, nul ne doit manquer du nécessaire. — « Un temps viendra, s'écrie M. de Châteaubriand, où l'on ne concévra plus qu'il fut un ordre social, dans lequel un homme comptait un million de revenu, tandis qu'un autre homme n'avait pas de quoi payer son dîner. Un noble marquis et un gros propriétaire deviendront d. s personnages fabuleux, des êtres de raison. »

6° Un produit net de son travail destiné à augmenter sa famille, car le prolétaire poussé au mariage par le désir d'oublier un peu sa triste solitude et de faire diversion à ses tristes pensées, se voit presque obligé de maudire la seule consolation qu'il possède, lorsqu'il réfléchit sur l'avenir de ses enfants.

7° Une espèce de prime d'assurance pour les dangers sans nombre auxquels il est exposé, et afin que sa mort ne laisse pas sa famille dans le besoin. Tous ceux qui prennent la peine de consulter le martyrologe professionnel, qui établissent ces statistiques effrayantes des accidents qui arrivent aux travailleurs, et qui enregistrent le chiffre des victimes des machines et du feu grisou, me comprendront.

Est-ce trop demander? Sommes-nous exigeants? Certes pour peu que l'on veuille se rendre à la triste réalité, on devrait dire qu'il faut plus encore, et que l'ouvrier doit être protégé contre l'exploitation, le monopole, l'agiotage et déchargé surtout des impôts qui, il ne faut pas l'oublier, le grèvent proportionnellement bien plus que le riche. En d'autres termes, il faudrait établir non l'impôt progressif — c'est là une grande erreur — mais l'impôt sur la rente foncière, sur le revenu, que demande avec juste raison Proudhon.

Voilà le salaire tel qu'il devrait être. Hors de là point de salut, point de sécurité pour la multitude laborieuse que chaque crise viendra toujours plus durement éprouver, et par contre — avis aux conservateurs et aux égoïstes — pas d'équilibre social. Que si maintenant on veut savoir quel est le salaire des 4,800,000 prolétaires du travail industriel, on trouve que les statistiques en évaluent la moyenne à 1 franc. M. de Morogues ne la porte qu'à 98 centimes. M. Ch. Dupin assure qu'elle est de 1 franc 15 centimes. M. Charles Legoyt l'élève à 1 franc 42 cent. Je crois avec M. Willaumé qu'on peut l'évaluer à 1 franc 90 centimes. Il est aisé de comprendre qu'avec cette somme on ne peut pas se nourrir soi et sa famille.

VI

Nous devons rechercher à présent s'il est possible de faire arriver le salaire à ce point vers lequel nous l'avons vu graviter sans cesse sans jamais s'y fixer, vers ce *summum* qui s'il était atteint réaliserait tout ce que nous avons demandé dans le chapitre précédent. Nous allons tout d'abord parcourir les œuvres des économistes qui ont étudié cette matière, nous exposerons ensuite l'état économique actuel de notre pays en nous demandant s'il permet d'accomplir cette réforme *nécessaire,* et nous donnerons enfin l'instrument qui selon nous doit conduire à la rénovation sociale.

Nous savons — et c'est là une conclusion posée pour la première fois par Ricardo, que plus la population augmentera, plus le prix des denrées agricoles tendra à s'élever. L'abondance des récoltes, fût-elle continue, les ouvriers basant leurs prévisions sur cette donnée, se multiplient rapidement et en peu de temps l'abondance se transformera en disette. Partant de ce point de vue, certains publicistes n'ont pas craint de chercher à restreindre le chiffre de la population, en proposant de noyer les enfants, comme en Chine (1), ou tout au moins de livrer à la mort ceux qui naîtraient contrefaits, à l'exemple de ce qui se faisait à Sparte sous l'empire des lois de Lycurgue. D'autres ont encouragé

(1) Ce qui est faux pour la Chine.

la création des hospices des enfants trouvés, de manière à stimuler les mères à exposer leurs enfants afin de dégrever le budget domestique M. de Meilhan dans son ouvrage des considérations sur les richesses et le luxe, expose que le chiffre de la prospérité publique s'abaisse et s'élève avec le chiffre de la population, et il en conclut qu'il faudrait s'en tenir à de justes limites dans la génération. Le célèbre Malthus, dans son Essai sur le principe de la population, soutient que c'est de lui (du principe de la population) qu'ont jailli et jaillissent encore comme d'une source empoisonnée les éléments principaux du malheur des nations. Suivant lui, sa force d'expansion est telle que la population, si elle n'est pas gênée dans ses développements, doit arriver non seulement à ne plus se trouver en rapport avec les subsistances, en supposant même que toute la terre ne soit plus qu'un jardin habilement cultivé, mais encore à ne pas avoir l'espace nécessaire à la contenir. Comme moyen curatif, il prêche la *contrainte morale*. On ne doit pas, dit-il, former des mariages avant d'avoir reçu des circonstances ou d'un travail bien rétribué, les moyens de nourrir sa famille, de l'élever et de lui communiquer les bienfaits de l'éducation. Qu'arrive-t-il tous les jours? C'est que, lorsqu'un célibataire et un homme marié offrent à la fois leurs services, le célibataire est presque toujours préféré, parce qu'il peut diminuer le chiffre de sa demande, bien mieux que celui qui a plus que sa personne à nourrir. On a objecté au système de Malthus que sa contrainte morale amenait la suppression de la pitié, de la bienfaisance, de la douce charité. Si ces vertus ne disparaissent pas, elles deviennent des crimes de lèse-humanité. S'il y a des gens qui meurent de faim, tant pis, il n'y a pas à s'en occuper, pourquoi sont-ils venus au monde? Voilà où on en arrive dans l'opinion de Malthus qui, tout naturellement, est un adversaire acharné des sociétés de bienfaisance et des hospices des enfants trouvés. Le tableau présenté par Malthus est triste et lugubre, cependant toutes les couleurs qu'il présente ne sont pas heureusement vraies. La surface du globe n'est pas encore occupée par le contingent humain qu'il peut nourrir, et les causes nécrologiques sont encore en rapport avec le chiffre de l'accroissement de la population. Ce n'est pas la contrainte morale de Malthus qui peut être la panacée du paupérisme, il faut chercher ailleurs un médicament. D'ailleurs cette doctrine ne tend à rien moins qu'à exalter l'onanisme à deux, ainsi que Proudhon le démontre très-bien dans son ouvrage de la *Justice dans la Révolution.*

M. de Sismondi comprend toute la sévérité et la rigueur des théories de Malthus ; il s'oppose aussi à ces mariages sans raison qui ne font qu'unir deux misères, mais tout en demandant des garanties pour les enfants à naître, il ne veut point que la société rejette de son sein comme des parias, ceux qui souffrent et pâtissent. Les ouvriers aujourd'hui naissent et meurent ouvriers, tandis qu'autrefois l'état d'ouvrier n'était qu'une préparation, un degré pour arriver à un état supérieur : c'est cette faculté progressive, dit-il, qu'il est essentiel de rétablir. Malheureusement, M. de Sismondi n'est pas heureux dans le choix de son remède à la situation qu'il a si bien précisée. Il faudrait, selon lui, obliger le fabricant à spéculer sur le consommateur et non sur l'économie qu'il peut faire subir à l'ouvrier producteur. Il faut qu'il reste chargé, ainsi que le propriétaire ou le fermier, des ouvriers qui échangent leurs forces contre ses capitaux, et qu'il tend chaque jour à rendre plus misérables. Ce moyen-là ne nous convient nullement., il est un souvenir du moyen-âge, des communautés ouvrières qui n'ont plus de raison d'être depuis la suppression des corporations. Il est en outre une atteinte portée à la personne, en ce qu'il impose aux patrons l'obligation de conserver et de nourrir leurs ouvriers, et les classes laborieuses, selon nous, doivent en arriver à s'émanciper elles-mêmes ; selon le proverbe italien, la multitude ouvrière *fara da se ;* aussi ne faut-il pas donner le droit à un industriel de se considérer comme un être providentiel, comme le protecteur des travailleurs qu'il occupe ; ce serait les placer dans une condition inférieure et tout-à-fait subalterne, c'est en arriver à faire d'un des termes de la célèbre formule, du mot égalité une lettre morte (1).

(1) Voici. en effet, la distinction entre les sociétés démocratiques et celles qui ne le sont pas. Les sociétés anciennes admettaient que l'humanité fut divisée en deux classes : ceux qui commandent et ceux qui obéissent ; au contraire, dans une société démocratique, il y a toujours des hommes qui commandent et qui obéissent, mais le commandement et l'obéissance sont alternatifs.

Aujourd'hui, il n'y a plus d'inférieur ni de supérieur ; il y a deux hommes égaux qui contractent ensemble, et alors dans le maître et dans le serviteur on n'aperçoit que deux contractants ayant chacun leurs droits, chacun leurs devoirs et par conséquent leur dignité.

Disciple de Malthus, M. J.-S. Mill déclare que si tout homme a le droit de vivre, nul n'a le droit de faire des enfants pour les mettre à la charge d'autrui. Cette théorie est mauvaise d'une manière absolue, parce qu'elle donne à l'Etat le droit de s'ingérer dans les affaires de la vie intime, et d'établir une discipline domestique. Certains auteurs aussi qui professent que la concurrence illimitée doit donner satisfaction à toutes les réclamations se font singulièrement illusion. Ils ne voient pas que la concurrence, légitime dans l'ordre matériel des choses, est barbare dans l'ordre moral puisqu'elle crée l'usure de l'homme par l'homme. On a voulu encore, attribuant l'indigence à l'avilissement du salaire, — c'est là, en effet, la pierre de touche, — le maintenir à un chiffre suffisant par la fixation légale d'un minimum. En théorie, cette idée est certainement excellente, car on arriverait ainsi à permettre à l'ouvrier de fixer d'une manière certaine le point jusqu'où peuvent descendre ses ressources et par conséquent lui faire mesurer ses dépenses de façon à n'avoir jamais à souffrir de la privation d'une ou de plusieurs choses, car rien n'est plus vrai que cet axiôme que l'on se crée facilement des besoins. On éviterait ainsi cette détresse des travailleurs qui, gagnant un jour 4 francs sont exposés à ne recevoir le lendemain que 2 francs. Mais dans l'application on rencontre les plus sérieux obstacles. En effet, le prix des marchandises ne s'abaisse par la concurrence que jusqu'au point qui est nécessaire pour qu'elles soient achetées, et par conséquent les salaires ne peuvent baisser que jusqu'à ce que tous les travailleurs participent au fonds qui leur est destiné. Si les rétributions tombaient au-dessous, une partie du capital demeurerait inactive faute de bras. Si au contraire le capital élevait les salaires au-dessus du taux de la concurrence, beaucoup d'ouvriers resteraient sans travail. Qu'importe donc la fixation d'un minimum, dès l'instant où tous les bras ne sont pas employés. D'ailleurs est-il possible d'établir un chiffre en quelque sorte étalon pour la fixation de ce minimum. Il n'y a qu'à lire l'excellent ouvrage de Mac Culloch pour se convaincre que les variations des besoins de l'ouvrier sont en rapport avec les variations des climats et le degré de la civilisation.

On a eu aussi recours à la puissance collective de l'Etat.

Les différents systèmes qui sont nés de cette idée ont fait éclore les écoles socialistes de Saint-Simon, de Fourrier, de Robert Orven, de Pierre Leroux. Sans doute il y a bien des côtés défectueux dans tous ces systèmes, mais il faut reconnaître qu'ils ont rendu d'éminents services à la science économique en attirant l'attention sur les questions sociales. Malheureusement, la plupart des novateurs crurent que le principe d'association ne pouvait être vivifiant et fécond sans l'intervention de l'Etat. M. Louis Blanc en considérant le gouvernement comme le régulateur suprême de la production, en arrive à annihiler, à absorber l'industrie privée. En substituant aux ateliers particuliers des ateliers nationaux, solidaires entr'eux, il croit arriver à l'égalité des salaires dont nous avons démontré l'impossibilité et les dangers. Cette égalité des salaires ferait même bientôt place d'après l'auteur de l'*organisation du travail* à un principe nouveau : chacun travaillera suivant ses forces et sera rémunéré suivant ses besoins. Mais outre qu'il est difficile d'apprécier les deux termes de cette formule, M. Louis Blanc aboutit tout simplement au despotisme, qui est également inacceptable qu'il arrive d'en haut ou d'en bas. M. Proudhon, lui, ne veut pas l'ingérance de l'Etat, mais il vise aussi à l'égalité des salaires. De plus il soutient que le travailleur conserve même après avoir reçu son salaire un droit naturel de propriété sur la chose qu'il a produite. Voici comment il raisonne : « Deux cents ouvriers, travaillant pendant une journée produisent par leur ensemble un résultat que n'aurait pu obtenir un homme en travaillant pendant 200 jours. Cette force immense qui résulte de l'union et de l'harmonie des travailleurs, de la convergence et de la simultanéité de leurs efforts, le capitaliste qui a employé les deux cents ouvriers ne l'a point payée. Or, c'est cette force d'ensemble qui crée les valeurs reproductives; c'est ce ferment reproducteur, ce germe éternel de vie, cette préparation d'un fond et d'instruments de production, que le capitaliste doit au travailleur et qu'il ne lui rend jamais. C'est cette désignation frauduleuse qui fait l'indigence du travailleur, le luxe de l'oisif et l'inégalité des conditions. »

C'est là un langage commun à presque tous les socialistes. Ils ne s'aperçoivent pas que ce groupement, cette collectivité, sont la manifestation de la puissance produc-

tive du capital qui permet de réunir, d'assembler les ouvriers ; par conséquent ils sont dans le faux en prétendant
enlever au capital ce qui n'est qu'un effet de son existence (1).

Le Gouvernement provisoire de 1848 en proclamant le
24 février qu'il garantissait l'existence de l'ouvrier par le
travail, ne fit que donner un corps aux doctrines que nous
venons de citer, doctrines qui d'ailleurs étaient contenues
en germe dans les cahiers de 1789. La création des ateliers nationaux, dont la clôture amena les journées de
juin, est en principe une excellente chose, il faut le reconnaître ; cette institution aurait pu donner d'excellents
résultats si des règlements sévères, si des enquêtes minutieuses avaient pu être établies dans ces moments d'effervescence populaire. Certainement la fondation de pareils
ateliers doit désorganiser l'industrie privée, mais d'un autre côté ne faut-il pas que tout le monde vive et ne doit-
on pas dire avec M. de Lamartine, qui en était pourtant
l'un des plus grands adversaires : « Nous voulons que la
société reconnaisse le droit au travail dans les cas extrê·
mes et dans des conditions définies. » Il faut d'ailleurs une
soupape de sûreté ; qu'on l'établisse d'une manière apparente ou d'une manière cachée, elle est nécessaire. Il est
vrai que le tout est de sauver les apparences et de faire
comme l'ex-gouvernement impérial qui après avoir tout
fait pour discréditer les ateliers nationaux de 1848 s'est
vu forcé d'occuper à Paris à de grands travaux de luxe
une armée d'ouvriers.

Un décret du Gouvernement provisoire qui « reconnaît
que les ouvriers doivent s'associer entre eux pour jouir
du bénéfice légitime de leur travail, » donna naissance au
mouvement coopératif que la Constituante favorisa, non
point, comme on l'a prétendu, par une subvention, — ce mot
implique l'idée d'un don, — mais par un prêt de trois millions à un taux d'intérêt modéré. Il est bon de montrer
que la *faute* commise en 1848 n'a pas l'importance qu'on

______

(1) A part ces critiques, en ce qui nous concerne, nous procédons directement
du *Socialisme*, qui n'est que la tendance de l'*Égalité*, but, essence, légitimation de la société. Sans doute le capital dans le cas actuel permet le groupement
des forces, mais aussi combien, la plupart du temps, ce capital si puissant, fruit
de l'exploitation et du monopole, ne devient-il pas la source d'un agiotage effréné?
Ne perdons pas de vue que c'est la *Réciprocité* qui doit présider aux relations
du capital et du travail, et n'écrasons pas celui-ci sous celui-là.

a voulu lui donner. L'Etat, somme toute, n'opéra alors que comme banque de crédit vis-à-vis des sociétés coopératives.

Le coup d'Etat de 1851 vint renverser tout l'édifice élevé par la République. La suppression du droit d'association amena la mort de presque toutes les sociétés ouvrières. Depuis cette époque, le gouvernement de l'ex-Empereur avait proclamé le droit d'association..... à la condition que l'Etat exercerait une sorte de tutelle financière sur les sociétés ; le droit de réunion..... à la condition de ne rien dire ou plutôt que le commissaire surveillant ne jugerait pas à propos de lever la séance ; le droit de coalition..... pour en aboutir à la fusillade de la Ricamarie, et à la condamnation de la section française de l'Internationale à Paris.

VII

Que si, d'autre part, l'on jette les yeux sur la situation économique de notre pays, on est frappé de l'état précaire dans lequel se trouve l'industrïe nationale depuis le traité de commerce de 1860. Le gouvernement personnel changeant brusquement, dans l'espace d'une nuit, les conditions dans lesquelles se trouvait l'industrie française et l'exposant aux rudes coups de la concurrence anglaise, a rendu le sort des ouvriers de plus en plus incertain. Malgré les *quarante* millions alloués à nos fabricants, — cette fois à titre de subside (1), — ceux-ci n'ont pu continuer longtemps une lutte inégale. On a du, dans les commencements multiplier le nombre des machines, remplacer tout l'outillage et réduire les frais de production en éliminant autant que possible les machines vivantes. Mais bientôt on s'est trouvé débordé. Les objets de fabrication anglaise sont plus finis, mieux travaillés que les nôtres, ils se vendent en outre à meilleur marché, car il ne faut pas l'oublier, les associations ouvrières sont puissantes de l'autre côté du détroit, et il n'y a pas à faire sur les produits une déduction pour le bénéfice du capitaliste. Les ouvriers associés d'Angleterre, tout en vendant à un très-bas prix,

(1) M. Pouyer-Quertier, le nouveau ministre des finances, reçut à cette époque un don fort considérable.

prélèvent cependant une rétribution de 20 o/o sur l'objet
fabriqué, et ce chiffre est suffisant pour leur donner une
existence confortable.

A la suite de l'invasion des produits anglais, il s'est ma-
nifesté un désarroi général, une désorganisation complète;
la plus grande partie des usines est inoccupée et dans tout
le nord de la France ouvriers et patrons souffrent de la
crise. Le désastre est d'autant plus grand que l'ancien gouvernement, par sa subvention, avait donné les moyens aux
grands industriels, dès le début, de ruiner les petits fabricants de l'intérieur par une concurrence effrénée. Le
commerce sur commandes a été presque complètement
ruiné, et un grand nombre d'ouvriers ont été par suite
jetés sur les pavés. Les grands industriels eux-mêmes ont
été peu après forcés de suspendre la fabrication, de façon
qu'aujourd'hui le désastre est immense. La guerre aussi
est venue donner le dernier coup. Le régime protecteur,
dont on a demandé à grands cris le rétablissement, ne
guérira pas de longtemps les blessures cruelles de l'industrie nationale, et d'ailleurs les ouvriers n'ont point à
trop s'en préoccuper, car son retour ne doit pas marquer
pour eux l'avènement de leur émancipation, mais le main-
tien du *statu quo* (1).

En résumé, l'augmentation des salaires est une impossibilité. Il n'est pas difficile de le comprendre : le fabricant
n'a de bénéfice que parce qu'il opère sur de grands capitaux et qu'il gagne sur les nombreux produits que fabriquent un grand nombre d'ouvriers; élever le salaire
même d'une faible somme c'est mettre le manufacturier
dans l'impossibilité de continuer son industrie avec profit,
ou bien c'est augmenter le prix des produits. Il s'agit de
savoir si la société acceptera cette élévation. Si le consommateur ne peut se passer de l'objet ainsi augmenté, où, il
cherchera à en consommer une moins grande quantité,
où, il fera économie d'un autre objet qui lui sera moins
indispensable. Ce qu'on obtiendra d'un côté, on le perdra
de l'autre en fermant la porte d'un atelier pour élever les
salaires dans un autre. Alors ceux qui n'auront pas de
travail reviendront d'eux-mêmes au passé et préféreront

(1) M. Dorian, le ministre des travaux publics, a dénoncé, dans les premiers
jours de février, la suspension du traité à l'Angleterre.

une paie modique à la misère, et ceux qui ont été augmentés seront de même obligés de retourner à l'ancien salaire pour laisser une part de travail aux autres. Tous les maîtres sont forcément amenés, dit M. de Vivès (1), à certaines taxations par les moyennes et les concurrences; ils ne sont pas libres d'augmenter ou de diminuer le travail. Pour que le salaire de l'ouvrier se maintînt toujours à un taux suffisant, il faudrait que la prospérité d'un Etat allât toujours s'accroissant — c'est le cas de l'Amérique — phénomène impossible à obtenir vu la constitution économique qui nous régit, et vu aussi la difficulté d'extension territoriale.

Nous n'avons pas besoin de revenir sur la façon dont se fixent les salaires dans la pratique. A quoi sert, après ce que nous avons vu, de dire que le salaire de l'ouvrier se règle par *l'offre* et *la demande?* Qu'il résulte d'une convention entre le maître et l'ouvrier? Mais une convention, un contrat verbal ou écrit n'a ce caractère qu'autant qu'il y a pleine liberté de la part des parties contractantes, et il n'y a de véritable contrat que celui qui s'opère avec le consentement des parties. Certes, je ne prétends pas que l'on contraigne physiquement l'ouvrier, mais cette liberté qu'on lui donne est spécieuse, il est sous le coup — je crois l'avoir surabondamment prouvé — d'une contrainte morale; il a le droit d'adresser des demandes, seulement, il n'a pas la faculté, je ne dirai pas de les imposer — ce serait changer les rôles — mais de les faire accepter. C'est absolument le pendant de la liberté de la presse dont on nous avait dotés sous l'Empire et qui donne à chaque citoyen le pouvoir de se ruiner. Ah! dira-t-on, l'ouvrier, peut se servir de la grève? Nous avons vu, au début de cette étude, l'étendue de son action. Veut-on en savoir les résultats économiques? Un seul exemple nous suffira pour les apprécier. Les ouvriers des filatures de Preston réclamèrent en 1854 une augmentation de 10 %. Les patrons refusèrent, une grève résulta de leur refus. A l'aide des cotisations fraternelles des ouvriers de toute l'Angleterre on forma un premier fonds de 2,400,000 francs destiné à soutenir la cause commune. Qu'arriva-t-il cependant? Après trente-six semaines de privations les travailleurs durent courber la tête après

(1) *De l'Europe et de l'économie politique.*

avoir englouti, par leur persévérance et leur résistance, l'énorme somme de 8,500,000 francs.

Il est bien certain que l'ouvrier ne luttait ici que pour un principe, celui de la libre discussion ; car la victoire même n'eut pas contrebalancé cette énorme perte.

Sans doute la grève n'est pas absolument mauvaise. Elle exerce une heureuse influence, en ce qu'elle permet aux ouvriers de se compter, en ce qu'elle amène la fermeté, la persévérance, l'abnégation, l'héroïsme, le sacrifice de l'individualisme à l'intérêt général, en ce qu'elle prépare la grande union des travailleurs, et resserre les liens de la solidarité. A part cela, elle n'a aucune portée, elle n'ouvre qu'une voie sans issue, elle est l'état de guerre dans l'industrie.

Dans les grèves des mines de la Loire, la grande association internationale, dont nous apprécierons un jour le rôle, est venu en aide aux mineurs. Les membres de la grande famille ouvrière ne se faisaient pas illusion en envoyant leurs secours et leurs conseils ; ils savaient d'avance que la lutte était vaine, mais ils apprenaient aux ouvriers à se grouper autour du drapeau de la revendication sociale et leur faisaient sentir les bienfaits de l'union. Cette association est aujourd'hui si puissante qu'à elle seule, elle a pu faire les élections de Paris.

Les travailleurs ont enfin compris que leur salut devait être leur œuvre, qu'ils n'avaient rien à attendre que d'eux mêmes. Dans les congrès tenus depuis 1864, ils ont discuté toutes les questions économiques qui peuvent servir à résoudre le grand problème du paupérisme et constaté que l'association devait être la panacée universelle destinée à atténuer les effets de la misère. C'est là qu'est la vie, selon moi, à la condition que l'association soit l'activité individuelle agrandie, augmentée, qu'elle soit libre de toute entrave, qu'elle repousse tout compromis, toute intervention, et qu'elle ne demande à l'Etat que l'appui moral et légal qu'il doit donner à toutes les opérations honorables et importantes pour l'avenir d'un pays. Pour le moment, les lois françaises s'opposent à la libre expansion de la collectivité ouvrière, mais les réformes deviendront bientôt nécessaires, elles sont inévitables avec le régime républicain. Déjà un grand pas a été fait dans cette voie ; les travailleurs de France, d'Angleterre, de Belgique, d'Espagne, d'Amérique se sont réunis dans une grande fédération qui s'occupe activement de rassembler les forces éparses de la grande armée du prolétariat, de soustraire l'ouvrier à toutes les exploitations et les monopoles, et de donner aux véritables producteurs les moyens de se rémunérer convenablement de leur travail.

Que l'on se rassure! Les classes laborieuses, sûres de leurs forces, ne veulent plus de ces cataclysmes qui ne font que détruire, alors qu'il faudrait édifier. Certaines du succès et du triomphe, elles ne les retarderont pas par l'emploi de la force et de la violence. Mais il faut qu'on ne les gêne pas dans leur œuvre. Plus de priviléges, et d'ailleurs, lorsqu'on sème des priviléges on récolte des révolutions.

Jules POLEN.

Albi, imp. Nouguiès et Carayol.